GERHARD DALLMANN

Das Jahr hat viele Farben

Geschichten zum Jahreskreis

CHRISTLICHES VERLAGSHAUS
STUTTGART

Bücher mit diesem Zeichen wollen
aktuell und biblisch Christus bezeugen

ABCteam-Bücher erscheinen in folgenden Verlagen:

Aussaat Verlag Neukirchen
R. Brockhaus Verlag Wuppertal
Brunnen Verlag Gießen/Basel/Woltersdorf
Christliches Verlagshaus Stuttgart
(und Evangelischer Missionsverlag)
Oncken Verlag Wuppertal

Erstausgabe 1975
Evangelische Verlagsanstalt, Berlin,
unter dem Titel »Gedankenstriche«

Umschlag- und Monatsgestaltung:
ALBER & BETZ Design-Kommunikation, Weissach
Gesamtherstellung: Druckhaus West GmbH, Stuttgart
ISBN 3-7675-1535-0

Inhalt

Januar

Ein toter Sperling

Pim fand am Morgen einen toten Sperling im Schnee; tot, erfroren in der Eiseskälte, die in der Nacht vom flimmernden Winterhimmel auf die Erde gefallen war. Steil stieg aus den Schornsteinen der Häuser weißer Rauch in die Luft, so windstill war der Morgen. Hinter den froststarren Zweigen der Obstbäume drängte sich der Ball der Wintersonne hoch, behauchte rosa den Schnee und befahl dem verblassenden Mond über dem Hafen, im Frühnebel endlich sein Ruhebett zu suchen. Ein Pferdewagen knirschte seine Spuren in die Fahrbahn, während die grauweißen

Christrosen vor Kälte zitterten. Es war hundekalt. Da hatte ein kleines Spatzenherz aufgehört zu schlagen. Solcher Winternacht hatte es keine Wärme entgegenzusetzen.

Man sagt, die Sperlinge seien die Parias unter den Vögeln, welches soviel meint wie, sie seien unter dem Durchschnitt, nicht gesellschaftsfähig, liederlich, verwahrlost, die niederste Kaste. Noch nicht einmal ein ordentliches Lied vermögen sie zu singen, ihr einfallsloses Getschilpe kann sogar einem Langschläfer auf die Nerven gehen. Man mag sie nicht. Und weil man sie nicht mag, darum beschneidet man ihren Lebenswert.

Man – das sind die Menschen. Man – das sind immer Menschen, solche Menschen, die meinen, sie hätten eine Meinung. Man sagt dies nicht, man sagt das nicht. Man mag die Sperlinge nicht und schilt sie einfach ›frecher Spatz‹.

Pim griff das steife Vögelchen und trug es ins Haus.

»Mutti, auch ein Spatz ist schön.« Er wendete ihn hin und her: »Braun, schwarz, grau, hübsch, und wenn die Augen noch blank wären, ich könnte ihn lieb haben.«

»Dann hab ihn doch lieb«, sagte die Mutter. »Er ist nur so geboren. Wäre er eine Lerche, hätte man ihn lieb. Spatzen hat man nicht lieb. Armes Vögelchen.«

»Ich hab ihn aber lieb. Sag, warum mußte er sterben? Die andern sterben doch auch nicht?«

»Sie bekommen Futter. Hast du den Sperlingen schon mal was hingestreut?«

»Aber die singen doch nicht.«

Da dachte die Mutter: »Warum müssen wir immer etwas erwarten, wo wir doch lieben sollten.«

Aber ein Kind versteht solche Fragen nicht.

»Kann man denn auch Menschen erfrieren lassen?«

Die Mutter erschrak. »Ja«, sagte sie gedehnt, »ja, das kann man. Man kann alles.«

»Aber Menschen haben es doch warm, Menschen haben zu essen.«

»Aber wenn man sie nicht liebt, erfrieren sie.«

Die Mutter erinnerte sich: Hatte ihr Vater nicht einst erzählt, wie man in seinem eigenen großen Mietshaus, im Hinterhof, eine alte Frau nach Tagen tot im Bett gefunden hatte? Man hatte ihr keine Feuerung gebracht. Man hatte ihr kein Süpplein gekocht, man hatte sie nicht besucht. Man hatte sie erfrieren lassen. Man hatte...

Man – das bin auch ich. Man – ein schlechtes Wort, ein sehr schlechtes Wort. Besser ist – ich. Bin ich nicht ich?

Pim sah die Mutter an: »Was machst du für ein Gesicht?«

»Ich denke nach.«

»Das ist gut«, sagte der kleine Pim, »und ich schneide Semmeln kaputt für die Spatzen, für alle Spatzen. Mutti, weißt du, für alle Spatzen der ganzen Welt.«

»Das ist noch besser«, dachte die Mutter und drückte ihren Jungen in die Arme.

Auch die Schöpfung wird frei werden
von der Knechtschaft der Vergänglichkeit
zu der herrlichen Freiheit
der Kinder Gottes.

Römer 8,21

Februar

Durchbrochenes Eis

Hanne, neun Jahre alt, blauäugig und Grübchen in den Wangen. Wenn sie lachte, bissen die vorderen Zähne in die Unterlippe. Sie war noch blaß von der eben überstandenen Mandelentzündung. Mutti durchkämmte ihre dünnen blonden Haare und schloß sie mit Margeriten aus Kunststoff zusammen:

»So, da hast du deine Rattenschwänze. Und nun bleib noch schön liegen. Es ist kalt draußen. Der viele Schnee von gestern läßt sich gar nicht wegschippen. Nachher kannst du ein bißchen aufstehen.«

Ein heftiger Schneesturm war gestern über

das Land gefegt und hatte mit seiner kalten Laune begraben, was zu begraben war. Er hatte meterhohe Berge angefahren oder die Kopfsteinpflaster freigelegt. Je nachdem. An die Fenster hatte er kleine Wächten gehängt, durch Ziegeldächer und Türritzen ist er gekrochen, und die Menschen saßen mit angezogenen Beinen in ihren kleinen Stübchen, während es draußen zischte und saugte und die Bäume unter sich ächzen ließ. Da hatte Hanne in ihrem Bettchen gelegen und im Struwwelpeter geblättert. Und die Mutter wachte bei ihr, um die Kerzen zu hüten, denn das elektrische Licht war am Nachmittag erloschen.

»Morgen wird es besser werden«, hatte die Mutter gesagt. Und nun war es »Morgen«.

Hohl schepperte ein Schneepflug über das Pflaster, durch die Windstille schrappten die Schaufeln der Rentner, die die Bürgersteige freimachten. Während Hanne versuchte, vom Bett aus einen Blick durch die zugefrorenen Scheiben zu schicken, verzogen sich die letzten blau-schwarzen Wolken am Himmel, um der glasklaren und harten Wintersonne den Weg freizugeben. Aber auch ihre hellsten Strahlen vermochten nicht die weiße Zuckerschicht vom Fensterglas wegzuschmelzen.

Hanne kletterte aus dem Bett: »Will doch sehen, wie's Wetter draußen ist.«

Es reizte sie, vom Glasbeet die eisigen Kristallblättchen zu pflücken. Sie kratzte mit dem Fingernagel ratschratsch Striche über das Eis, versuchte sich an einer Gesichtsfratze und rief dann in die Küche: »Mutti, einen Groschen bitte für das Fenster – zum Durchgucken.«

Mutti brachte einen Groschen. Den drückte das Kind gegen die Scheibe, aber er hatte keine Kraft und Wärme, den eisigen Panzer zu durchschmelzen.

»Mutti, ein Markstück bitte!«

Auch das Markstück machte es nicht.

»Mutti, ein Fünfmarkstück ist größer!« Auch das Fünfmarkstück machte es nicht.

Da versuchten sie es beide. Die Mutter wärmte das Geldstück in ihren Händen an. Schließlich sollte ihr Kind doch einen Blick aus seinem verschneiten Verließ hinauswerfen können. Da wollte sie helfen. Sie drückte das warme Geldstück voller Hoffnung gegen die Scheibe und ließ es einen Augenblick wirken. Da kühlte es ab. Nun versuchte sie es abzuheben, aber ihre Nägel faßten nicht unter den Rand des silbernen Metalls.

»Vielleicht mit einer Nagelschere?« fragte das Kind.

Da! Das Stück fiel zur Erde und rollte unter den Schrank.

»Dummes Ding«, ärgerte sich die Mutter, bückte sich nach dem Mammon, bis sie es mühsam greifen konnte. Die kreisrunde Fläche aber, die eben noch die kunstgeprägten Gravuren deutlich gezeigt hatte, war schon mit dünnen Blumenfädchen überfroren und hatte hastdunichtgesehen den Blick ins Freie versperrt.

»Noch nicht einmal der Einsatz der großen Münze hatte gelohnt«, dachte die Mutter und sagte: »Wir wollen anhauchen.«

Ihr warmer Atem goß einen matten See mitten auf die Scheibe, dessen Uferchen sich nach außen dehnten und in dessen Mitte das klare Glas hervortrat. Sie drückte mit ihren warmen Lippen auf das Kalte, und der Hof wuchs und gönnte den sehenden Augen des Kindes einen Durchblick.

Das Näschen an die Scheibe gedrückt sah es hindurch:

»Da ist genau der Kirchturmknopf. Und die Dohlen und die Krähen spielen oben drauf und wechseln sich ab. Immer wieder. Ist das lustig. Willst du mal sehen, Mutti?«

»Ja, das ist das Leben, das freie Spielen der unbeschwerten Tiere.«

»Das hat der Hauch gemacht, Mutti«, sagte das Kind.

Als es sich satt gesehen hatte, sprang es zurück in die Federn: »Das Geld hatte es nicht geschafft. Geld kann das nicht so wie dein Hauch.« Und es hielt die Händchen vor die gewölbten Lippen, blies seinen sauberen Atem hinein und sagte dabei unhörbar: »Haaauch, haaauch.«

Die Mutter aber stand in der Küche und dachte:

»Atem – Odem – Geist, Seele – ja, und was noch? Ach ja, Wärme. – Geld hat's nicht gekonnt. Nur ein bißchen Freude und Wärme. Wärme ist schön – und Atem auch.« Da schmolz das Eis. Und sie freute sich, denn sie hatte etwas entdeckt.

Sammelt euch aber Schätze im Himmel,
wo sie weder Motten noch Rost fressen
und wo die Diebe nicht einbrechen und stehlen.
Denn wo dein Schatz ist,
da ist auch dein Herz.

Matthäus 6,20f

März

Der Junge und die Möwe

Der Junge hatte eine besondere Liebe zu den Möwen, zu denen mit dem schwarzen Köpfchen und den roten Beinchen. Heimlich bewunderte er ihr stolzes Segeln, ihre Hiahia-Schreie waren Musik in seinen Ohren, und aus ihrem Lachen und Jauchzen von der Höhe herab drang die Freude ungebändigter Freiheit, die ihm imponierte. Er lächelte über sie, wenn sie, o-beinig fast, am Hafen auf ihren weißen Pfählen standen, ein bißchen dümmlich im Blick, so als wären sie untauglich für die Welt. Und immer mit dem Gesicht gegen den Wind.

Kluge Tiere, die der Herausforderung des Tages unverwandt ins Angesicht schauen.

Der Junge bummelte vor ein paar Tagen an dem schönen, weißaufgespülten Strand umher. Die Märzluft war zu hart, um gelangweilte Städter anzulocken. Der Junge aber mußte ans Wasser, die Temperatur zu prüfen und festzustellen, ob er bald baden könnte.

Scharf ging ein Nordost über den Bodden, stieg über den Ludwigsburger Haken und fiel in die Bucht, um dann im Hain zu verrauschen. Und über ihm die Möwen, die vielen Emmas – Christian Morgenstern hätte keinen trefflicheren Namen finden können für sie –, wie sie in dem Zug der Böen standen und ersannen, wohin sie in diesem Jahr ihre Nester legen könnten.

Aber eine kleine Emma erhob sich nicht wie ihre Schwestern, die mit tolpatschigen Beinen strampelnd und schwingenschlagend in die Höhe fuhren. Sie trippelte angstvoll hin und her und blickte den Jungen mit weiten Augen an:

»Ich kann nicht mehr«, sagte ihr Blick. »Sieh meinen linken Flügel, er ist im Gelenk zerschossen worden. Es hat sehr, sehr weh getan. Das habt ihr Menschen gemacht, ihr Großen, ihr Allgewaltigen, aus Lust und Übermut, oder aus Zerstörungstrieb. Ich habe euch Menschen so oft beobachtet, wie ihr mit euren Künsten Schindluder treibt. Nun hat's mich erwischt. Ich bin ein Wrack, untauglich zum Leben. Sieh mich an! Das habt ihr aus mir gemacht.«

Der Junge blickte die Kranke starr an. Er reichte ihr zaghaft die Hand hin: »Emmchen, ich tu dir nichts. Komm, Kleines, ich heile dich, wenn ich kann. Komm und lauf nicht fort.«

Fuß um Fuß schob er sich gebückt dem Vogel näher, öffnete die Arme, die Hände, faßte zu – er aber entwich ihm.

Wer wird sich schon einem Menschen anvertrauen. Sie sind ja alle gleich, diese Menschen, dachte die kleine Möwe, und unter Schmerzen lief sie davon. Ihr Flügelchen zog eine schwache Spur durch den Seesand.

Der Junge streifte seinen wärmenden Pullover vom Körper und warf ihn dem Tierlein über den Balg. Scharf pustete der Wind durch das dünne Hemd. Doch wenn die Kälte den Jungen auch krumm zog, so ging von seinem Herzen doch eine Wärme aus, die das kranke Vögelchen umwob und stillbleiben ließ. Er barg das Päckchen sorgsam an seine Brust und lief heim, jede Erschütterung vermeidend, öffnete den noch leeren Hasenstall, schüttelte den Pulli aus und schloß behutsam die Gittertür. Durch das Gewebe des Drahtes redete er ihr gut zu, mit Liebe und großer Fürsorge: »Ich will, daß du wieder fliegen kannst«, verspach er ihr. Da griff sie das dargebotene Stück Heringseingeweide, das für die Katze bestimmt war, verschlang es mit gierigem Schmatz und sagte: »Rääh!«

Der Junge sprach mit seinem Vater.

»Der Flügel wächst schief an, wir müssen die Wunde wieder brechen. Ein schmerzhafter, aber unentbehrlicher Prozeß, wenn der Vogel wieder fliegen soll.«

»Gib mir nur deinen Rat, Vater, du weißt schon, was richtig ist«, sagte der Junge.

Dann legten sie alles bereit, Gazestreifen, Schere, ein Glasröhrchen aus dem Medizinschrank und eine halbe Schlaftablette. Diese lösten sie in wenig Wasser auf, flößten sie dem widerstrebenden Tier ein, warteten, bis die wunderbar schwarzen Augen an stummem Glanz verloren und die Lider sich von unten geschlossen hatten, und brachen den Knochen vorsichtig und mit ruhigen Fingern an der von verharschtem Blut noch sichtbaren Stelle im Gelenk. Dann verbanden sie das Vögelchen, doch nicht zu stramm, so daß es noch atmen konnte, und nahmen es mit in die warme Stube. Am nächsten

Morgen setzten sie es in den Stall, und da fraß es aus der Hand des Jungen sein Stückchen Fisch.

Zwei Wochen – dann trug der Junge seinen liebgewordenen Vogel zum Strand zurück. Er löste die letzten dünnen Fäden vom Federkleid und sagte mit leiser Stimme: »Nun flieg auch schön, denn so habe ich es gewollt. Ich tat es für dich.«

Kläglich waren die Versuche, sich zu strecken und die Schwingen auszubreiten, doch das Schlagen der weißen Fächer verkündete die neue Lust am Leben.

»Sie wird es schaffen«, sagte der Junge zu sich selbst, und ein leises Würgen im Hals ließ ihn sich fragen: »Ist es ein Wehgefühl des Abschieds – oder die unerklärliche Freude am Glück des anderen?«

Am Abend sagte der Vater: »Es geht dem Menschen wie dem Vieh, mein Junge. Sie töten oder verwunden sich selbst, aus Leichtsinn, Lust oder Gier. Und dann überlassen sie die Betroffenen, untüchtig gemacht, der sinnlosen Weite des Lebens. Und sie sterben, zernagt und zerrieben durch den Schmerz ihrer Seele. Es sei denn, es kommt einer – so wie du – und liebt diese Menschen, sich selbst der Eiseskälte und der Zugluft des Unverständnisses aussetzend, um die Verwundeten zu heilen und sie in das neue Leben zu entlassen. Verstehst du das, mein Junge?« – Wer von uns versteht das überhaupt!

Du sollst den Herrn, deinen Gott, lieben
von ganzem Herzen, von ganzer Seele,
von allen Kräften und von ganzem Gemüt,
und deinen Nächsten wie dich selbst.

Lukas 10,27

April

Auf der Rentnerbank

In der Aprilsonne sitzt ein Mann auf der Bank, ein alter Mann, ein Rentner. Es wollte nicht mehr gehen: das Fischen, der Garten, ja selbst das Auspöllen der Netze in der Zeit des Heringsfangs. Sie haben zu ihm gesagt, er hätte genug getan in seinem Leben, er solle sich man ausruhen. Aber er hatte es gespürt: Er stand anderen im Wege. »Jung un Oll tosamm, dat is nischt nich«, dachte der alte Mann und wußte sich ausrangiert.

Seitdem die Sonne höher steht, sitzt er auf der Rentnerbank. Kennt ihr sie nicht, die grüne Bank, am Drahtzaun vor dem Hafenamt? Da sitzen sie doch immer, die Ausrangierten. Habt ihr sie nie gesehen? Aber nein, ihr geht ja vorbei! Ihr Pärchen, Ausflügler, Bummler, Philosophen und Romantiker, in euren oft so geistlosen Gesprächen versponnen. Hat euer Blick nie jene gestreift, die dort ihrem Ende entgegensitzen? Wacklige Beine haben sie dorthin getragen. Dort stopfen sie die Pfeife oder lutschen am erkalteten Zigarrenstummel. Sie tragen seit Jahren dieselbe abgegriffene, blaue Schirmmütze, vielleicht mit einem bißchen verblaßten Gold noch dran, oben. Sie haben ihre Hände mit roten, geschwollenen Fingern auf die Knie gelegt, auf die Knie, um die blankgeschabte Hosenbeine aus Kammgarn schlottern. Kammgarnhosen sind die Ausgangshosen zur Rentnerbank.

Da sitzen sie und schweigen. Sie schweigen, weil Reden überflüssig ist. Sie schweigen, aber ihr Geist ist rege, und mit ihrem treffenden Wort schießen sie ins Schwarze, wenn es gilt, etwas Bemerkenswertes zu sagen.

Geht ein Liebespaar vorüber, wenden sie ihre Köpfe kaum. Sie sagen nur: »Hin is hin, futsch is futsch.«

Rennt einer zum Bus, den er noch erreichen möchte, so sagen sie: »Der hat dat eilig.«

Kommt eine Wandergruppe aber, etwa eine Reisegesellschaft aus der großen Stadt oder von noch weiter her, dann sagen sie »Utländer« oder »Tuschkasten«. Und schütteln müde ihre Köpfe. Auch sie sind Philosophen, denn sie kennen das Leben aus ihrer Schau.

Heute sitzt nur einer da, der alte Mann. Es ist noch früh im Jahr. Ich setze mich zu ihm und sage: »Tach!«

Er sagt »Tach« und blinzelt in die Sonne. Mich sieht er nicht an.

Da schweige ich.

Dann kommt ein Liebespaar daher. Ich sage: »Muß dat schön sein.«

Er aber sagt: »Dat is all lang her, Paster.«

Als eine Reisegesellschaft vorüberzieht mit lautem Geschnatter und billigen Bemerkungen, sage ich: »Soviel fremde Leut.«

Er sagt nur »Ja« und nickt. Mit Bedacht.

Ich frage ihn: »Wie alt sind Sie?«

»Im Sommer sind es sößundachtig. Aber nu geht's nich mehr. Es zieht mich bannig in de Kuhl. Dat Sterben kommt, Paster.«

Da kommt ein Kind gesprungen: »Oping, sollst nach Haus kommen! Mutti sagt, wird so kalt hier.«

Er sagt zu mir: »Dat is Peting, mein Enkelsohn seinen.«

Und zum Kind: »Segg Mudding, ik kümm glieks.«

Ich schaue dem Kind nach und sage: »So ist das: Das Leben vor dem Tod.« Und dünke mich weise.

Er schweigt erst, dann wiegt er seinen Kopf bedeutsam her und hin und sagt: »Nee, dat is nich richtig. Nee, nee. Umgekehrt, Paster. Der Tod vor dem Leben, so is dat richtig. Nächste Woch is Ostern. Sie haben die Reihenfolge verwechselt.«

Damit schlurft er ab, dem Kind nach.

Wenn aber dies Verwesliche anziehen wird
die Unverweslichkeit und dies Sterbliche
anziehen wird die Unsterblichkeit,
dann wird erfüllt werden das Wort,
das geschrieben steht (Jesaja 25,8):
»Der Tod ist verschlungen vom Sieg.
Tod, wo ist dein Sieg?
Tod, wo ist dein Stachel?«

1. Korinther 15,54f

Mai

Das Mädchen mit der Brille

Wenn Hubert, der Optikerlehrling, keine wichtigen Arbeiten zu verrichten hatte, blickte er auf die Hände des Meisters. Manchmal genügte es schon, ihm nur zuzuhören.

Einmal sagte dieser: »Unser Beruf, Hubert, bewahrt ein Geheimnis. Wir setzen dem Menschen eine Brille auf. Das tun wir, damit sich sein Blick – sagen wir – erhellt. Damit er die Dinge sieht, wie sie sind, unverzerrt und schön.«

Oder er sagte: »Die Schönheit des Menschen liegt in seinen Augen. Es ist unsere Aufgabe, diese Schönheit zu bewahren oder zu unterstreichen.«

Hubert war unzufrieden. Machte das die Maisonne? Sie malte warme Streifen über Werkzeug und Arbeitstisch, sprang von da in das junge Herz und riet ihm, etwas zu tun, irgend etwas, und sei es noch so dumm. Mai läßt gerne schwatzen, schwärmen und mit geröteten Wangen all den schönen Worten glauben. Worten und glühenden Augen. Der Mai.

Nein, er war unzufrieden über anderes. Nie durfte er Kundschaft bedienen. Sein Platz war bisher nur immer der alte Schleifstein gewesen, die Werkstatt hinter dem Laden, mit den stets sich wiederholenden Aufträgen: Facetten schleifen, Gläser einpassen, billiges Zeugs reparieren. Oh! Er hätte manches anders gemacht als der Meister. Gewiß, das hätte er. Er hätte auch endlich die Ladenhüter verkauft, hätte den dicken Staub von ihnen gewischt und den Lotterkram lobend angepriesen. Wahrlich, das hätte er! Doch er durfte ja nicht im Laden bedienen. Er müsse erst etwas lernen, behauptete der Meister.

Eines Tages sagte dieser zu ihm: »Ich muß mich mal hinlegen, einen Augenblick. Mein Magen! Sage, sie sollen wiederkommen oder warten.« Und er ging die Treppe hoch in die Wohnung.

Da schnarrte die Ladenklingel. Ein Mädchen drehte wippend ihr rotes Täschchen in den Händen: »Ich glaube, ich brauche eine Brille. Kriege ich die hier?«

Hubert bekam rote Flecken am Hals, als er sagte: »Bitte, nehmen Sie Platz.«

Ja, jetzt bediente auch er Kundschaft! Und sein Herz schlug maibewegt.

Dann probierte er einige Dioptrien.

»Ja«, wisperte das Mädchen, »so ist es besser, bedeutend besser.«

»Und hier habe ich eine wunderschöne Fassung, wie geschaffen für Sie. Wollen wir anpassen? Hier ist ein Spiegel.«

Das Mädchen beschaute ihr Gesicht: »Ich finde mich dämlich!«

»Das finden zunächst alle, die mit neuen Augen gucken sollen.«

»Ich finde mich dämlich. Außerdem drückt das Gestell.«

»Daran gewöhnt man sich. Und ich muß Ihnen sagen: Die Schönheit des Menschen liegt in seinen Augen. Wir Optiker haben die Aufgabe, diese Schönheit zu unterstreichen.« Volltönend gab er eine Meisterweisheit in den Raum – unverdaut.

Aber das tun bekanntlich nicht nur Anfänger.

Sie errötete: »Wie Sie das so sagen!«

»Jaha«, sagte er mit Nachdruck. »Und ich mache sie Ihnen sofort fertig. Und wenn die Fassung drückt, kommen Sie morgen wieder.«

Das Mädchen kam gleich am nächsten Tag. Nun bediente sie der Meister, und Hubert linste beklommen mit großen Augen durch die Scheibengardinen in den Laden.

Sie sagte: »Die Brille drückt, und die Augen tun mir weh.«

Der Meister sah.

»Was hat man aus Ihnen gemacht, liebes Kind. Sie brauchen etwas ganz anderes. Da hat man Ihnen ja was Schönes vorgesetzt. Warten Sie, ich helfe Ihnen.«

Und dann half er ihr.

»Sie sollen die Welt und ihre Dinge gerne sehen, ohne daß die Augen schmerzen. Und niemals darf man eine Brille wie einen Fremdkörper fühlen, so, als gehöre sie nicht zu einem. Eine Brille – oder vielmehr unser Blick – muß mit dem Herzen verwachsen.«

»Ja«, sagte sie hernach, »nun sehe ich auch die Hintergründe klarer, ich sehe überhaupt weiter. Das tut wohl. Ich danke Ihnen.«

»Danken Sie nicht mir. Danken Sie dem großen Physiker. Wir sind nur seine Handlanger.«

Sie aber rief über den Kopf zurück: »Und

seien Sie dem Lehrling nicht böse!« und verschwand.

In der Werkstatt sagte der Meister: »Hat dich der Mai verwirrt, lieber Junge? Lerne dem Menschen nur das zu geben, was er braucht, aber das gib ihm ganz. Und meine nicht dich! Es gibt genug Stümper, die anderen falsche Brillen aufsetzen. Hüte dich davor, ein Stümper zu werden. – Übrigens, die besten Brillen verschrieb ein anderer Meister. Kennst du ihn?«

Laßt uns aber wahrhaftig sein in der Liebe
und wachsen in allen Stücken
zu dem hin, der das Haupt ist,
Christus.

Epheser 4,15

Juni

Die Philosophin

Aus den Kiefern quollen die süßesten Düfte, vom nächtlichen Gewitter hochgespült. Der flimmernde Junitag zauberte einen zarten Hauch aus dem Moos der ersten Blaubeeren und lockte ihn über die Lichtung hin zum Strand. Der war an dieser Stelle mit üppigem Gras bewachsen, das den Regen der Nacht noch in glitzernden Tröpfchen festhielt. Niemand störte das Lied der Amsel auf der knorrigen Eiche, kein Motorrad, kein Traktor. Eine Kröte rekelte sich unter moderndem Laub. Und über zerknitterte Schilfstengel, die das Haff ans Ufer gespült hatte, stolperte ein Goldrandkäfer. Nur von weit, ganz weit draußen, klang über dem Wasser das Glucksen eines Fischerbootes durch die Stille, ein rhythmisches Ostinato, wie geschaffen für diese Stunde.

»Da draußen sind noch Menschen«, flüsterte Elisabeth. Sie lag im blaugeblümten Kleid im Gras und hatte die Augen geschlossen.

Ihr Mann erhob sich, den Fischer zu suchen. Er stutzte: »Elisabeth, sieh nur, er fährt auf dem Kopf und in der Luft.«

»Was redest du. Willst mich wohl necken, was?«

»Ich sehe ihn deutlich in der Luft und auf dem Kopf. Die Linie des Horizonts zieht sich tief unter ihm entlang. Eine Spiegelung.«

»Dann«, sagte sie, »dann will ich dein Schiff nicht sehen. Es lohnt nicht, wenn es sich verstellt.«

»Komm, wir klettern auf den Aussichtsturm dahinten. Er ist zwar morsch, doch er wird uns tragen. Da sehen wir alles besser.«

Er schüttelte Steinchen aus den Sandalen, zog sein junges Weib an ihren schmalen Händen in die Höhe und sagte weiter: »Von unserem Maulwurfshorizont vermögen wir uns ohnehin kein echtes Bild von der Welt zu machen.«

Lachend warf sie ihr schönes Gesicht

gegen die Sonne: »Mußt du immer philosophieren, du Maulwurf du?«

Dann stiegen sie die vier Etagen des hölzernen Turms empor. Dort faßte Elisabeth das verwitterte Geländer. Ihr Mann aber trat hinter sie und umschloß sie mit seinen kräftigen Armen.

»Schön«, sagte er nach einer Weile des Schauens.

»Ja«, sagte sie.

»Und nun fährt unser Schiff wieder richtig rum. Siehst du?«

»Ja.«

»Der warme Sommertag flimmert uns was vor. Man muß den Sachen immer auf den Grund gehen, meine Liebe.«

»Auf den Grund?« lachte sie, »und steigst in die Höhe? Komisch.«

»Aber nun werde ich dir alles zeigen«, lenkte er ab. Und sein Arm deutete auf dieses und jenes: »Dort die Eiche mit der Amsel. Das Stückchen Dach vom Waldhaus. Siehst du?«

»Ja.«

»Dort hängt Wäsche. Und schau – der Uferweg.«

»Ja.«

»Und dort ganz hinten die Berge, wie sie im Sommerglast das eintönige Grau des Wasserspiegels kaum vernehmbar unterbrechen.«

»Ja.«

»Wie sauber und ordentlich unsere Welt ist, nicht wahr?«

»Hja.«

»So voller Kraft und Leben. Ja – wir Menschen verstehen es, zu ordnen und zu pflegen und zu hegen.«

»Hja«, sagte sie auch jetzt im Ton der Ergebenheit.

»Und siehst du die Fahrwassertonnen? Damit ein- und auslaufende Schiffe nicht auf Grund geraten.«

»Und wenn Sturm kommt?«

Er hatte wieder ein Ja erwartet. Nun blickte er sie an, sehr verwundert blickte er sie an: »Du hast ja die Augen geschlossen!«

»Habe ich die ganze Zeit über, da du sprachst.«

»Ist es denn nicht schön hier?«

»Ich habe Angst, mich wieder umstellen zu müssen. Dort unten ist alles so erbärmlich anders. Laß uns hinabsteigen.«

Als unten der Kies ihre zarten Sohlen drückte, sagte er unwillig: »Du hättest nicht die Augen schließen sollen. Was wir oben sahen, war real. Denke an das Fischerboot. Ich sah es nicht mehr verspiegelt.«

»Gewiß. Doch von einer Sicht aus läßt sich keine Theorie entfalten. Hast du auch die Kröte gesehen oder den Goldrandkäfer oder die Flicken in der sauberen Wäsche auf der Leine? Hast du auch die gemeinen Reden der Nachbarn untereinander gehört? Die Höhe vermittelt Illusionen. Ich hatte Angst und wollte mir den Blick nicht trüben lassen. Und doch hast du recht! Laß uns hinaufsteigen. Wir wollen den Höhenblick ganz als Illusion erfassen, um hinterher der Wirklichkeit näher zu sein. Wer vom Licht nicht weiß, kann das Finstere nicht erkennen.«

»Welch eine Philosophie, Elisabeth!«

»Mehr als das, mein Lieber, mehr als das.«

Ihr wart früher Finsternis;
nun aber seid ihr Licht in dem Herrn.
Lebt als Kinder des Lichts;
die Frucht des Lichts ist lauter Güte
und Gerechtigkeit und Wahrheit.

Epheser 5,8f

Juli

Der Signalmast

Träge hatten sie in ihrem Strandkorb gelegen, als es passierte. Er hatte seinen grünen Augenschirm tief in die Stirn gedrückt, und sie trug eine übergroße Sonnenbrille. Beide waren so entspannt nach all den Wochen der Arbeit, daß sie der Schlummer schon am Vormittag ihrer Wirklichkeit entzog. Als ihm die Illustrierte aus den Fingern glitt und in den warmen Seesand fiel, wo der Wind feine Körnchen über die Seiten streute, legte sich ihr Ellenbogen unmerklich auf die blaue Cremedose. Die auf und ab schwellende Brandung ergoß ihr dunkelgrünes Wasser mit eintöniger Melodie an den Strand. Ihr Rauschen war jener Schirm, der sich über Schlafende und Wachende legt, nicht mehr vernommen und doch immer da.

So ist es am Meer. Und wo es seinen glänzenden Leib zeigt, vom beleckten Strandsand bis zum gleißenden Horizont, sagt der Mensch sein: »Ah, das Meer! Gewaltig und schön«, steht einen Augenblick stumm und schaut. Dann läßt er sich fallen und atmet durch: »Wir haben Urlaub, Liebster, weißt du das?«

So reden sie miteinander, ordnen ihre wenigen Sachen um sich und strecken sich mit wohligem Lächeln auf den Polstern aus, die nach fremder Leute Sonnenöl riechen, und lassen die Sommerwärme ihre bleiche Haut streicheln. Sich zurückziehen, Belangloses reden, wachen oder schlummern – dafür sind diese stummen Diener erstanden worden von all den Ruhehungrigen, denen nun gleich ist, was um sie herum geschieht. Ob tobende Kinder über ihre Beine hinwegstolpern, ein Ball gegen die Rückwand des Korbes prallt, ob im Nebenbau eine monotone Stimme ein Buch vorliest oder ob die See brüllt. Alles fällt ab, alles. Das ist schön, so unvergleichlich schön.

Doch gibt es Augenblicke, in denen der Schlafende aufschreckt. Wenn nämlich in die dahindämmernde Eintönigkeit der Blitz eines unvorhergesehenen Ereignisses zuckt, wie eben damals. Sie liefen am Strand zusammen, alle, die es gesehen oder den Schrei gehört hatten. Angstvolle Frauen rangen die Hände: »O Gott, er kommt von der Buhne nicht mehr frei!«

Und die Männer sagten etwa: »Da muß doch was gemacht werden!« Beherzte kletterten über die glitschigen Stumpen der Buhne, stets in der Gefahr zu rutschen oder von der Brandung abgepeitscht zu werden. Und in dem Sog war dann kein Halten mehr. Der junge Mann, der um sein Leben rang und dem merklich die Kräfte schwanden, wurde an den Steinen draußen fast zerschmettert von den gewaltsamen Wellen.

Die Unruhe riß die beiden Schläfer hoch. Mit neugierigem Entsetzen staksten sie auf die Menge zu. Aber da atmete die Schar der in törichter Befangenheit Herumstehenden erlöst auf, als das weiße Boot mit dem roten Kreuz im Kreis sich auf den ermatteten Schwimmer zu bewegte. Der Bootsführer trieb sein Fahrzeug zur Eile an, und ungeachtet dessen, daß es an den riesigen Steinen hätte leck schlagen können, griff er zu und half dem Ertrinkenden an Bord.

Da löste sich die Menge auf. Einige sagten: »Ogottogott, das hätte…«

Andere sagten: »Komm, wir gehen.«

Und die Kinder: »Hilfst du mir nun endlich die Burg bauen?«

Auch das Paar mit dem Augenschirm und der großen Sonnenbrille wandte sich seinem Strandkorb zu.

Der Mann sagte: »Ich weiß nicht. Leichtsinn und Schuld liegen hart beieinander. Wie konnte er nur ins Wasser gehen, und dann so dicht an den Buhnen. Der Ball ist doch hochgezogen!«

»Meinst du den Ball an dem Kreuz dort?« fragte sie.

»Das ist kein Kreuz, sondern ein Signalmast.«

»Er hat aber einen Querbalken, wie ein Kreuz.«

»Das ist eine Rah! Der Signalmast sagt uns, was wir zu tun und zu lassen haben.«

»Für mich ist er ein Kreuz«, beharrte sie.

»Aber er heißt Signalmast. Fachausdruck! Glaub mir das! Ein Kreuz ist…

»Auch ein Signalmast. Oder?«

Das Wort vom Kreuz ist eine Torheit denen,
die verloren werden;
uns aber, die wir selig werden,
ist's eine Gotteskraft.

1. Korinther 1,18

August

Der letzte Klarapfel

Das Reifen der Augustäpfel leitete in Walthers Garten stets eine große Kampagne ein, die für Wochen, ja fast für Monate alle Hände der Familie voll beanspruchte: Die Apfelernte. Es waren viele Bäume, und man wird verstehen, wenn nicht alle Wilhelme und Koxorangen, Krummstielchen und Wasweiß-ichse in die Regale des Kellers wanderten. Offene Taschen und kleine Mäulchen fanden sich rechtzeitig ein, der Flut durch das immer feuchte Kellerfenster zu wehren. Die Äpfel aber, die Mutters Güteklassenprüfung bestanden hatten und nun behutsam auf den graugelben Holzrosten einen Winterschlafplatz zugewiesen bekamen, durften hoffen, bei irgendeiner Familie von irgendeinem freudvollen Auge unter irgendeinem Weihnachtsbaum angestrahlt zu werden.

Anders war es mit den Augustäpfeln. Sie waren ja die ersten ihrer Gattung, die ergilbt am Baume protzten, als wollten sie sagen: Wir machen das Rennen. Aber sie haben bekanntlich nur eine kurze Lebenszeit. Darum greift man bald nach ihnen, rupft sie von ihren Stengeln und haut die gesunden Zähne in ihre wachsglatte Rundung. Dann knallt das harte Fleisch, dann trieft der Saft.

Und wenn auch die Fruchtsäure Löcher in den Strümpfen zusammenzieht, man ißt Stück um Stück.

Zu lange sollte man sie nicht aufbewahren. Wenn sie erst vom Mutterbaum gerissen sind, werden sie bald mehlig, oder ihre Platzwunden gerinnen in unangenehmer Bräune. Am besten also, man nimmt sie frisch vom Ast, jungfräulich unversehrt.

Karlchen rüttelte am Stamm. Eine Bewegung genügte meist, und die köstliche Last trommelte zu Boden. So waren alle gefallen, bis auf jenen da oben. Er schien angeklebt, ja angenagelt zu sein.

»Laß ihn doch hängen«, sagte die Mutter,

»er ist der letzte. Er wird schon von selber kommen. Warte ab.«

Aber Karlchen hörte nicht auf sie. Er stieg hinauf, um ihn mit der Hand zu fassen. Es lockte ihn, seine Widerspenstigkeit zu brechen. Und wenn, wie man sagt, das Jagdfieber zu den Urtrieben des Menschen gehört, so wollte Karlchen Jäger sein. Allein – er erlangte den Apfel nicht. Er rüttelte oben an dem wedelnden Zweig und schwang ihn durch die Luft, daß er pfiff. Doch der Trotzkopf blieb fest.

»Laß mich doch noch hängen«, bat der Apfel. »Ich möchte noch nicht auf die Erde. Gönne mir meine Freiheit unbeschadet.« Und begann zu weinen.

Karlchen aber entgegnete: »Nein, ich will dich haben. Und da kenne ich nix.«

Sprach's und stieg vom Baum herab, eilte zum Geräteschuppen und holte eine der langen Wäschestützen, die Mutter bei Wind unter die Leine stellte.

»Was willst du, Junge?« fragte die Mutter verwundert.

»Laß mich, ich brauche sie.« Aber er hatte kein gutes Gewissen, als er das sagte. Wie Meister Grünrock durch den Forst, pirschte er sich hin zu dem Baum, erhob die Stange zu einem Hieb und schlug zu. Das Äpfelchen wimmerte: »Jetzt ist's aus mit mir.«

Der zweite Schlag traf ihn so hart, daß er mit einem Aufschrei durch die Luft sauste und ins feuchte Gras fiel.

»Ich sterbe, ich sterbe«, jammerte er, doch der Junge griff nach ihm und sagte: »Das hättste einfacher haben können, du Dummer!«

Dann biß er hinein.

»Äh! Du bist ja sauer! Das verstehe ich nicht!« Und damit warf er ihn fort.

Bald danach kam die Mutter und sah ihn liegen. Sie bückte sich und dachte: »Unser letzter Klarapfel.« Aber sie sah auch die Spuren der Zähne und wunderte sich, daß ihr Junge ihn fortgeworfen hatte. Aus der Wunde tropfte der Saft. Aber wer genau hinhörte, vernahm, wie er weinte und klagte: »Ich war doch noch nicht soweit.«

Da nahm die Mutter ein Küchenmesser, schnitt ihn auf und besah sich das Kernhäuschen.

»Komm, Karlchen«, rief sie, »ich will dir etwas zeigen. Du hättest warten sollen. Die Kerne sind noch nicht braun. Was reif ist, kommt von selber. Du mußt nichts erzwingen.

Mit den Menschen ist's genauso. Oder soll ich dich an den Ohren nehmen und sagen: Ich will, daß du ab heute ein Mann bist? Wir müssen lernen zu warten, bis die Kerne in uns, das sind die Seele und der Geist, reif geworden sind für die große Ernte.«

Befiel dem Herrn deine Wege und hoffe auf ihn,
er wird's wohl machen
und wird deine Gerechtigkeit heraufführen
wie das Licht und dein Recht wie den Mittag.
Sei stille dem Herrn und warte auf ihn.

Psalm 37,5ff

September

Abend und Morgen

Albrecht sitzt vor dem aufgeschlagenen Atlas. Sein Finger sucht ein Land an der See, über dessen Bewohner kürzlich jemand dumme Bemerkungen gemacht hatte. Warum eigentlich?

Es tut ihm weh, wenn man über die Leute dort lacht. Er erinnerte sich an die verehrte, liebenswürdige, kleine Thea, damals, als er noch Soldat war, er selbst noch ein Jüngling mit dem ersten Flaum auf der Oberlippe.

Er weiß heute wirklich nicht mehr, ob Thea ihn oder er Thea zuerst angeschaut hatte. Damals war Krieg gewesen, sie klapperte mit einer Sammelbüchse freudlos straßauf, straßab, und Albrecht muß wohl sehr lange nach Kleingeld gesucht haben. Allein – es ergab sich so, sie entließ sich für jenen Tag dieser törichten Pflicht um eines Spaziergangs willen, für ein paar Stunden, wie sie sagte. Bis sein Triebwagen fuhr, später am Abend. Mit dem mußte Albrecht zur Kaserne.

»Ich frage meine Mutti«, sagte sie, »ob wir gehen können, und du kommst schnell mit hoch, ja?«

Da nahm Albrecht sich vor, einen noblen Eindruck zu hinterlassen, denn schließlich war es das erste Mal, daß er so etwas tat.

Die Mutter sagte »Morgn« und war sehr nett dabei.

»Morgn«, sagte auch Albrecht, obwohl der Nachmittag fast zur Neige ging. Aber so war die Familie, freundlich und sonnig, als wenn zu jeder Stunde der Tag anhebt, klar und voll lieblichen Lichts.

Dann gingen sie zum Deich. Ihre kleinen Finger zu halten genügte ihm. Heute weiß Albrecht es noch: Sie hatten um Beethoven gestritten. Thea mochte ihn nicht, wegen seiner Sonatinen, die sie üben müsse am Klavier und nicht wolle. Über Religion hatten sie auch gestritten. Sie behauptete, es gäbe Engel. Er aber entgegnete: »Nein, das müsse man anders verstehen, aber wie, das weiß ich auch nicht.«

Und dann sagte sie, daß sie abends bete. Albrecht sagte, das täte er auch, aber nicht regelmäßig. Und schämte sich.

So haben sie geredet. Thea und er. Sie war sehr nett.

Um sechs wollte die Sonne schlafen gehen. Sie schauten zu, wie sie sich bereitete. Das warme Lachen dieses prächtigen Septembertages verhallte wie der Orgelton in einer großen Kirche, es versank im Spätsommerdunst, dämmerte hinunter in die Wiesen und Koppeln, und seinen letzten Hauch nahm der breite Strom mit in seinem schweigsamen Zug nach Norden. Glutrot flimmerte das Oval, bis sein zartviolettes Bett es empfing, von unten her es mit unsichtbarer Schere beschneidend, erst halb, dann viertel, immer weniger.

»Nun geht sie zur Koje«, sagte Thea.

Und Albrecht sagte: »Gemalt würden die Leute sagen, das sei Kitsch.«

Dann war auch der letzte Flimmerstrich erloschen.

»Morgn«, sagte das Mädchen. »Nun ist sie weg.«

»Gute Nacht«, winkte Albrecht.

Die Weite des Landes machte auch ihre Herzen weit. Feuchtwürzig quoll es aus dem

Boden, und die Luft roch unendlich intensiv. Albrecht sog diese Welt in sich auf, und der Moorduft füllte Herz und Lunge mit Heimweh.

»So schön still ist es hier«, sagte Thea. »Aber nun müssen wir gehn.«

»Ja, ich weiß, deine Mutter.«

»Nein, dein Triebwagen.«

Da schritten sie zurück. Albrecht fühlte ihre kleine Hand.

»Die Welt ist so groß«, sagte sie, »und Gott auch.«

»Und wir sind so winzig, Thea.« Sonst waren sie still.

Er hatte Thea nie wieder gesehen. Wochen später sagte ihm jemand, daß in ihr Haus eine Bombe gefallen sei. Seitdem quälen ihn laue Septembertage. Dann sieht er die grenzenlose Weite, in der der wunderbare Nebel alles Bizarre und Dunkle aus der Wirklichkeit haucht, und das in freudig-schmerzlicher Erinnerung Wohnende wird zu einem einzigen Gleichnis:

Des Tages Schein vergeht, sie aber sagt »Morgn« und weiß nicht, was es wohl bedeutet. Mögen jene heute ihre törichten Glossen machen über jenes Land, über jene Leute. Ihn trägt ihr einfältiges Lachen dann nur hinüber zu den Moorwiesen, zu den Deichen und führt ihn in die große Stille jener

Welt, in der man vom Morgen redet. Und die nur er versteht.

Aber ist es nicht vielfältig so, daß sie lachen über das, was sie nicht verstehen können?

Weil sie's nie erlebt haben.

Seid stille und erkennet, daß ich Gott bin!
Ich will der Höchste sein unter den Heiden,
der Höchste auf Erden.

Psalm 46,11

Oktober

Im Restaurant

Sie waren zum Einkauf in die große Stadt gefahren, eine schlichtgekleidete junge Mutter mit ihrem sommersprossigen Roland, in dessen abstehenden Ohren sich ein wenig Chausseestaub gesammelt hatte. Denn an der Bushaltestelle am Dorfrand hatte ein trockener Oktoberwind gewirbelt. Nun suchten sie ein Restaurant, um Mittag zu essen.

»Willst du heute etwas spendieren, Mutti?«

»Ja, Kind, wir wollen heute mal ganz vornehm sein«, sagte sie und schob die schwere, blankgelackte Tür des neuen Hotels auf.

»Da«, sagte der Junge und steuerte auf einen Tisch zu, an dem bereits zwei aufwendig frisierte Damen saßen. »Da ist noch Platz.«

»Entschuldigen Sie, dürfen wir?« fragte die Mutter bescheiden.

Die Frau mit dem Doppelkinn ließ ihren Blick durch das Lokal schweifen, als suchte sie etwas: »Es scheint ja sonst alles besetzt zu sein. Dann bitte schön.«

Die andere nahm ihr goldbetreßtes Handtäschchen aus der Nähe des Jungen, der sich auf seinem Stuhl zurechtrutschte.

Geduldig wartete die Mutter auf den Ober, sie war müde vom Laufen und Tragen, und Roland schaukelte und schlurrte mit den Füßen.

»Mutti, warum essen die Frauen ihr Essen nicht auf?«

»Sei still, Kind.«

Der Ober kam und fragte: »Meine Damen, hat's geschmeckt?«

»Das können wir gerade nicht behaupten, es gäbe wohl mancherlei zu sagen – aber, Schwamm drüber.«

Konsterniert wandte sich der Ober den neuen Gästen zu. Die Damen aber wünschten Kaffee und Sahnetorte.

Hernach sagte die andere mit schnalzender Zunge: »Möchte gerne wissen, wieviel Leute wohl schon von diesem Tischtuch gegessen haben. Eine Zumutung. Findest du nicht auch?«

Roland spielte mit den Bierfilzen, bis der Ober das Bestellte auftrug.

»Lassen Sie es sich gut schmecken«, sagte er.

»Uns schmeckt alles gut«, sagte Roland.

Nach einer Weile sagte die Dame mit dem Doppelkinn: »Sie haben Fischfilet bestellt! Oh, das ist in diesem Lokal unausstehlich. Das ist doch kein Essen.«

Die Mutter zog mit spitzem Finger ein Grätchen aus dem Mund: »Mir schmeckt's.«

»Mir schmeckt's auch«, sagte Roland. »Mmm, Fischfilet!«

»Das merkt man an deinem Schmatzen«, sagte die mit dem Doppelkinn.

Darauf zischelte die Mutter: »Schmatz nicht so, Kind.«

Der Ober brachte Kaffee und Kuchen. Die Damen stocherten in der Sahnetorte mit herabgezogenen Mundwinkeln: »Wir haben uns darunter was anderes vorgestellt. Findest du nicht auch?«

Und die mit dem Doppelkinn legte die Gabel auf die Untertasse und schaute Roland mit wäßrigen Augen an: »Kannst du nicht deine Füße endlich mal stillhalten? Du bist ja gar kein vornehmer Junge.«

»Halt die Füße still, Kind«, sagte die Mutter leise.

»Die Sahne schmeckt fade, ausgesprochen fade«, hörte die Mutter nun, und »findest du nicht auch?«.

Und um das Maß der Unerquicklichkeit vollzumachen, wurde sie gefragt: »Hat Ihr Sohn kein Taschentuch?«

»Laß das Schniefen mit der Nase, Kind«, sagte die Mutter und bekam rote Flecken.

Als sich die Damen erhoben, sagten sie wie hingeworfen: »Adieu!«

Da fragte Roland: »Mutti, was ist eigentlich vornehm?«

»Ja, da muß ich überlegen. Vornehm, also, das ist, wenn man nicht so ist, wie man eigentlich ist, und immer denkt, daß man anders sein muß als man sein soll, und immer so tun muß, als ob man vornehm wäre! Verstehst du?«

»Ja, Mutti, und weißt du, worauf ich mich an meisten freue? Auf Erntedankfest übermorgen. Mutti, gehört Fischfilet eigentlich auch zum Erntedankfest?«

»Ja, Kind.«

»Und Kaffee und Torte auch und Sahne?«

»Ja, Kind.«

»Mutti, ich bin doch nicht vornehm, nicht?«

»Nein, Kind.«

»Sind vornehme Leute eigentlich dankbar?«

»Das weiß ich nicht, Kind.«

Alles, was ihr tut mit Worten oder mit Werken,
das tut alles im Namen des Herrn Jesus
und dankt Gott, dem Vater, durch ihn.

Kolosser 3,17

November

Der schwarze Kutter

Dem Hafenmeister hatte der Sturm fast die Tür aus der Hand gerissen, als wollte er ihn daran hindern, am Signalmast die neue Windwarnung anzuzeigen. Dort schlug bereits ein schwarzer Kegel mit dreistem Pendelschlag an seiner geteerten Leine, und jeder wußte nun: Kegel mit Spitze nach unten, also Sturm aus Südwest. Der hatte sich schon seit gestern abend über dem Ostseeraum breitgemacht, hatte morsche Äste von den Linden gebrochen, das letzte Herbstlaub über die Zäune gefegt und die Menschen geheißen, ja in ihren Hütten zu bleiben. Auch mit dem Wasser hatte er sein Wort geredet. Er hatte es dergestalt aus dem Fluß in den Bodden und aus dem Bodden in die See getrieben, daß der Strand hundert Meter breiter geworden und der Grund viel Unrat und Schrott freigelegt hatte.

Nun hätte man auch unter der alten Holzbrücke hindurchgehen können. Bis an die Fahrrinne waren es mehrere Meter schlikkiger Sand. Die schon zum Winterschlaf vertäuten Fischkutter hingen in ihren dicken Leinen. Und ein altes schwarzes Schiff lag mit schiefem Mast wie mit erloschenen Kräften auf der Seite, mit seinem Heck tief in den ausgeblasenen Fluß gelagert.

Der Hafenmeister setzte den neuen Kegel, kniff die Augen zu und sagte: »Was ich jetzt machen tu, verheißt nichts Gutes. Nun gibt's Nordost. Denn da kommt das Wasser zurück und denn können wir baden gehen. Das wird hundsgemein.«

Und fragte jemand: »Hafenmeister, wat wird nu?«, dann sagte er: »Abwarten.«

Als der Wind gegen Nachmittag drehte, flaute er vorübergehend ab. Da sagte der Hafenmeister: »Nun holt er zum Gegenschlag aus.«

Und die Fischer drückten mit schwieligen Daumen den Tabak fester in die Pfeifenglut. Als nachher der Nordost einsetzte, strömte das Wasser mit Wucht zurück und trug Blätter und Äste in den Hafen.

In den Bäumen heulte es hohl auf, und weißgraue Wolkenfetzen flogen greifbar nahe über die geduckten Häuschen hinweg.

Ein Vater hatte seinen Jungen an die Hand genommen: »Wir wollen sehen, ob sich der schwarze Kutter aufgerichtet hat. Komm mit.«

Und sie drückten den Kragen des Anoraks am Halse zusammen, als sie sich gegen den Wind stemmten, wie er um die Mauern wirbelte und saugte. Mit großem Getöse schölten die schmutzigen Wellen den Fluß aufwärts, plantschten gegen Bordwände und Dalben und drehten sich längst mannshoch unter der Brücke, als wären sie immer dagewesen. – Der schwarze Kutter aber hatte sich nicht aufgerichtet. Ihm war nicht mehr die Kraft zum Aufstehen gegeben. Das Wasser hatte sich hineingewälzt, war in die Kajüte geflossen und nahm nun Besitz von allem, was es beleckte. Das alte Ruderhaus blickte todmüde, als wollte es sagen: »Es ist aus mit mir.«

Dabei stieg das Wasser höher und höher. Und niemand vermochte das Schiff vor dem letzten Umkippen zu bewahren.

»Ja«, sagte der Vater, »so mitten im Hafen! Wer hätte das gedacht. Und dann denkst du, du bist hier sicher.«

»Und warum mußte der sinken?« fragte er den Hafenmeister.

»Hat zuviel Faulstellen am Kielgang gehabt. Ist nicht rechtzeitig zum Bootsbauer gegangen.«

Nachher, während draußen das Wetter weitertobte, sagte der Vater im warmen Schein der Leselampe am Ofen: »Faulstellen sind oft unsichtbar. Ein rechter Bootsbauer deckt sie auf, mein Junge. Bei den Menschen ist es oft so: Sie verbergen ihre Faulstellen, vielleicht weil sie sich schämen. Und dann, wenn sie meinen, sie wären ganz sicher, dann wundern sie sich, wenn sie einem Sturm nicht standhalten können. Dann sacken sie ab.«

»Ja«, sagte der Junge. »Und, Vater, hilfst du mir dann, wenn ... ich glaube, Faulstellen hat jeder Mensch.«

»Das will ich tun. Wenn du sie mir sagst.«

Wenn wir sagen, wir haben keine Sünde,
so betrügen wir uns selbst,
und die Wahrheit ist nicht in uns.
Wenn wir aber unsre Sünden bekennen,
so ist er treu und gerecht,
daß er uns die Sünden vergibt
und reinigt uns von aller Ungerechtigkeit.

1. Johannes 1,8f

Dezember

Um Mitternacht

»Den Dreck des alten Jahres mit Stumpf und Stiel ausrotten«, hatte der Feldwebel geordert, mit Nachdruck. Dafür sei am Nachmittag Ausgang.

Berthold, der Rekrut, hatte Angst vor diesem Tag.

Er lag in Garnison weit, weit fort vom elterlichen Haus. Schon Weihnachten hatte ihn fertiggemacht. Wie ein geprügelter Hund hatte er vor seinen paar Pfeffernüssen gehockt, als er Vaters Brief zum wiederholten Mal gelesen hatte.

»... Frankreich ist so weit weg, aber du bist

siebzehn, wirst schon darüber hinwegkommen«, hatte er geschrieben.

Und nun kroch der letzte Tag des Jahres herauf wie ein schwarzes Gespenst. Berthold wehrte sich gegen das, was die anderen als einziges Plus diesem Tag aufsetzten: sich mit Cognacgeist zu füllen, um das Heimweh zu vergessen, um aber am nächsten Tag wie ein müder Droschkengaul den alten Trott weiterzuziehen auf dem Weg ins Weißnichtwohin.

Der klare Wintertag holte den jungen Soldaten am Nachmittag aus dem Mief des Gemäuers und führte ihn über festgetretene, schneeige Wege in die kleinen Vogesendörfer der Umgebung, St. Marguérite, St. Clochelle, St. Poire sur Meurte – »alles Saint, alles Heilig. Auch ihr, ihr Männer in euren blauen Leinenanzügen mit den kalten Zigarren im Mund und den Zügeln in der Hand, mit denen ihr die Mauleselkarren lenkt, die Baskenmütze schief auf dem Ohr. Ihr seid heilig. Ich aber nicht. Ich bin ein Dreck. Das Leben ist ekelhaft. Was soll mit uns werden? Auch die Zeit ist unheilig. Mit ihrem Krieg, mit ihrem Morden und Lügen.«

Berthold stand auf einer kleinen Brücke und spuckte in das dahinspielende Wasser: »Es ist alles so erbärmlich. Alles! Alles! Du hast's gut, Flüßlein. Springst aus den Bergen, vereinst dich mit deinen Brüdern von rechts und links und schreitest majestätisch dem Meer zu, gleichsam dienend und herrschend. Und ich?« Er schloß die Augen, um von den Tränen nicht das innerlich Erschaute ausfließen zu lassen. Als das Tageslicht matter wurde, ließ er sich von seinen Füßen willenlos zur Kaserne zurückführen, nach St. Dié.

Und dann ging die Mitternacht auf über jene Welt. In den verrauchten Stuben sagten überlaute Stimmen mit berauschtem Lallen ihre platten Weisheiten.

»Alles ist unheilig«, sagte Berthold, »auch St. Dié«, und floh auf das Holzplateau des Kasernendaches. Ein rohes Holzgeländer schloß es ein, und an dem Fahnenmast langweilte sich ein dreifarbiger Lappen. Der mit dem unheiligen Kreuz in der Mitte.

Berthold mußte allein sein. Er wand sich unter den Schmerzen einer unbeschreibbaren Sehnsucht. Schön war der Schmerz und schön war das, was er heraufbeschwor.

Berthold wandte seine Augen in die Richtung, in der er sein Elternhaus vermutete, schloß sie und sandte sie über die Bogen der Berge und Wälder in die lieben, vertrauten Stuben und Kammern. Mit brennender Seele suchte er die heilige, heile Welt.

Da knarrte die Treppe. Ein Kamerad fühlte wie er und drängte in die Klarheit der Nacht, an der aller minderwertiger Staub verflog.

»Auch Heimweh?« fragte der Fremde nach langem Schweigen.

»Ich weiß nicht«, sagte Berthold. »Ich meine immer, da hinten, da ganz weit hinten muß etwas sein, was mir gehört. Ich will es haben, hier in meinen Händen, ganz in mir selbst, trinken, erleben, besitzen. Das Heilige, das ganz andere.«

»Sehnsucht ist das Wandern zwischen zwei Wirklichkeiten, ist die Brücke zum unsichtbaren Wahrhaftigen. Nenne es das Morgen, die Zukunft, oder nenne es das Ewige. Oder bergende Liebe.«

»Es ist doch alles so sinnlos. So wie das Dunkel um uns, ohne Zugang und Ende.«

»Dunkel?« fragte der andere und legte seine Hand behutsam auf den zitternden Arm neben ihm. »Dunkel? Nichts ist dunkel, wenn du es durchschaust. Blicke nur mutig hinein, und das, was du Sehnsucht nennst, wird dir den Horizont erhellen. Durchbohre das Grau um dich mit den Augen der gewissen Zuversicht und habe Vertrauen darauf, daß der morgende Tag Licht bringt. Nicht das Dunkel ist unendlich, aber das Licht. Und es wird dein Licht sein. Und das Licht der ganzen Welt.«

Berthold riß die Augen auf und bohrte sie in die lichtlose Welt, so lange, bis er die Dunkelheit um sich nicht mehr erfaßte. Sie war erhellt worden, überstrahlt von der Hoffnung auf das beständige Licht, das er mit kilometerlangen Armen aus seinem Vaterhaus wie aus der Ewigkeit hineinzog in sein Herz.

»Ja«, dachte Berthold. »Der Sinn meines kleinen Lebens kommt aus dem, was vom Morgen auf mich zukommt. Ich will mich freuen.«

So zog aus Dunkel und Kälte sachte das neue Jahr in seine erste Stunde – und Finsternis war wie das Licht.

Mache dich auf, werde licht;
denn dein Licht kommt,
und die Herrlichkeit des Herrn geht auf über dir!
Denn siehe, Finsternis bedeckt das Erdreich
und Dunkel die Völker;
aber über dir geht auf der Herr
und seine Herrlichkeit erscheint über dir.

Jesaja 60,1f